PLANETA ANIMAL

EL GECO

POR KATE RIGGS

CREATIVE EDUCATION • CREATIVE PAPERBACKS

Publicado por Creative Education
y Creative Paperbacks
P.O. Box 227, Mankato, Minnesota 56002
Creative Education y Creative Paperbacks son marcas
editoriales de The Creative Company
www.thecreativecompany.us

Diseño de The Design Lab
Producción de Chelsey Luther y Mike Sellner
Editado de Alissa Thielges
Dirección de arte de Rita Marshall
Traducción de TRAVOD, www.travod.com

Fotografías de Alamy (Micha Klootwijk, Reinhard
Dirscherl), Dreamstime (Cathy Keifer, Elfhandalie, Isselee),
Getty Images (Deborah Rust), iStock (ShaneMyersPhoto),
Shutterstock (Eric Isselee, Ersler Dmitry, Lauren Suryanata,
Onlyshaynestockphoto, Rozi Kassim), SuperStock (Andrew
McLachlan / All Canada Photos, NHPA, PhotoStock-Israel
/ age footstock)

Library of Congress Cataloging-in-Publication Data
Names: Riggs, Kate, author.
Title: El geco / by Kate Riggs.
Other titles: Geckos. Spanish
Description: Mankato, Minnesota: Creative Education and
Creative Paperbacks, [2023] | Series: Planeta animal
| Includes index. | Audience: Ages 6–9 | Audience:
Grades 2–3
Identifiers: LCCN 2021061046 (print) | LCCN
2021061047 (ebook) | ISBN 9781640266728
(hardcover) | ISBN 9781682772287 (paperback) |
ISBN 9781640008137 (ebook)
Subjects: LCSH: Geckos—Juvenile literature.
Classification: LCC QL666.L245 R55418 2023 (print) |
DDC 597.95/2-dc23/eng/20211223
LC record available at https://lccn.loc.gov/2021061046
LC ebook record available at https://lccn.loc.
gov/2021061047

Tabla de contenidos

En las islas de Hawái viven ocho tipos de gecos.

LOS lagartos llamados gecos viven en lugares cálidos de todo el mundo. ¡Hay más de 1.500 tipos! Los gecos se encuentran en todos los **continentes**, excepto en la Antártida. Algunos lagartos silban, pero los gecos emiten otros sonidos como piar o ladrar.

continentes las siete grandes extensiones de tierra del planeta

Algunos gecos se lamen los ojos para obtener agua.

Solo 18 tipos de gecos tienen párpados. Otros tienen una cubierta transparente sobre sus ojos. Se lamen los ojos para mantenerlos limpios. La cola del geco puede desprenderse. A veces, los gecos la desprenden para escaparse de los **depredadores**.

depredadores animales que matan y comen a otros animales

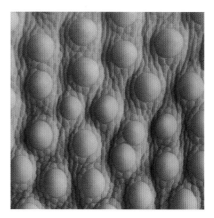

Los gecos pueden medir tan solo 0,6 pulgadas (1,6 cm). Los gecos diurnos gigantes pueden medir 10 pulgadas (25 cm) de largo. Los gecos tienen diferentes marcas en la piel. Los hay de varios colores. Los gecos más coloridos están activos durante el día.

Las escamas pequeñas y redondeadas del geco hacen que su piel sea irregular.

Los gecos de cola de hoja musgosa (izquierda) se esconden a simple vista.

Los gecos tienen almohadillas en la parte inferior de los dedos de las patas. Las almohadillas adhesivas ayudan a que los gecos trepen. Los gecos pueden vivir en tierras secas, bosques lluviosos y en las **montañas**. Algunos gecos se camuflan con la arena, las rocas o los árboles que los rodean.

montañas cerros muy grandes hechos de roca

Los gecos leopardo atrapan grillos y otros insectos para comer.

LOS gecos comen insectos y otras criaturas pequeñas. Los gecos más grandes pueden comer pájaros y **reptiles** pequeños. Los gecos buscan comida en los árboles o en el suelo. Algunos gecos comen fruta.

reptiles animales que tienen escamas y un cuerpo que siempre está tan cálido o frío como el aire que lo rodea

Las crías comen la misma comida que los gecos adultos.

La hembra de geco pone uno o dos huevos en las hojas y la corteza de árboles. Las **crías** crecen solas. Los gecos viven solos durante unos 6 a 10 años. Algunos tipos de gecos pueden vivir 20 años en estado salvaje.

crías gecos bebé

A medida que los gecos crecen, mudan la piel. Los gecos adultos mudan la piel cada pocas semanas. Los gecos se esconden de depredadores como serpientes y aves. Gritan o chirrían a otros gecos que se acercan demasiado. Los gecos pasan mucho tiempo buscando comida.

Los gecos comen su piel vieja después de mudarla.

Incluso los gecos que están activos por la noche pueden calentarse al sol.

La mayoría de los gecos busca comida por la noche. Estos gecos descansan durante el día. Los gecos son animales **de sangre fría**. Calientan sus cuerpos al sol. Se mueven a la sombra cuando se calientan demasiado.

de sangre fría que tiene una temperatura corporal similar a la temperatura del aire que lo rodea

Muchas personas tienen gecos como mascotas. Los gecos leopardo son mascotas populares. Quienes viven en las partes más cálidas del mundo pueden ver gecos salvajes. ¡Puede ser divertido buscar a estos ruidosos lagartos!

Los gecos de cola de hoja pueden saltar de una rama a otra.

Un cuento del geco

¿Los gecos traen buena suerte? La gente en Hawaii tiene esta creencia desde hace mucho tiempo. Cuentan la historia sobre un geco que tenía una risa muy ruidosa que salvó del peligro a la hija de un rey. El rey convirtió al geco en el ángel de la guarda de todas las islas hawaianas. Los hawaianos todavía dan la bienvenida a los gecos a sus casas para que les den buena suerte.

Índice